Soy
Lola

Por
Lori Bakewell

Primera edición

Publicado por Horse Tales
Warrenton, Virginia, USA

Contenidos

Prefacio

Soy
Lola

Soy un caballo en miniatura. ¡Me llaman <<mini>> porque soy pequeña, y es verdad, pero también es verdad que dentro de mí caben grandes **emociones**! A lo mejor tú tengas emociones grandes también. Podemos discutir nuestras emociones. Compartiré las mías primero. Después de leer mi historia, tal vez me cuentes cómo te sientes. Todos, en alguna ocasión, necesitamos de alguien que nos escuche y entienda. Los minis somos buenos en esto, estoy segura de que tú también lo eres.

¡ALTO!

Las **emociones** describen cómo te sientes. Tal vez estés alegre, triste, o enojado. ¿Puedes pensar en otras emociones? Es bueno discutirlas.

4

Primer Capítulo

Tengo Esperanza

Cuando era joven, mi hogar era una colina. Era una colina agradable, pero me hacía falta algo interesante. Con el tiempo me mudé a una granja y me convertí en madre. Mi **potra** "Mimi" y yo nos teníamos incondicionalmente, pero me faltaba algo.

¡ALTO!

¿Qué es un **potro**? Un potro es un caballo bebé.

A los caballos nos encanta tener propósitos. Anhelamos una vida en la que nos sintamos amados, valorados e importantes para los otros. Así, nuestra salud es mejor y somos más simpáticos. A los caballos también nos gusta la rutina. Queremos saber qué vamos a hacer cada día con nuestros amigos, los **humanos**. Yo, hasta ese momento, no tenía ni un propósito ni una rutina.

¡ALTO!

El ser **humano** de un caballo es la persona que le quiere y le cuida.

Una mañana, una hermosa y amigable mujer nos vio a Mimi y a mí, y nos llevó a vivir con su mini "Johnnie." La mujer nos cuidaba muy bien; era amable y cariñosa. Era maravilloso tener un nuevo hogar y un nuevo amigo, pero yo quería más.

Pasaron los meses y Mimi estaba lista para el destete. A partir de ahora, se alimentaría de pasto y, por fin, mi ansiado momento de encontrar mi propósito había llegado. ¡Qué alegría cuando esto ocurrió! Una mujer que trabajaba con los minis en una compañía de terapia de caballos vino a conocerme. Ella pensaba que podía unirme a ellos y aprender lo suficiente. Este grupo visitaba escuelas y asilos de ancianos, y realizaba eventos para ayudar a las personas. Los caballos y las personas necesitan una atención especial. Es mucho trabajo.

Llegó el momento de separarme de Mimi. Estaba triste, pero me confortaba saber que tenía a su amigo Johnnie y un hermoso lugar donde vivir. Mi gran aventura había comenzado. ¿Me gustaría mi nuevo hogar? ¡Esperaba que sí! ¿Conocería a un nuevo amigo? ¡Esperaba que sí!

Mi nuevo hogar era un paraíso, un lugar perfecto para mí. Había conocido a Possum, un nuevo amigo, y tenía muchas cosas interesantes por hacer. Siempre había deseado un hogar y un propósito ideal para mí. En ocasiones me entristecía y me preocupaba que nunca llegaran. Cuando la nostalgia y la desesperación nos invaden, puede ser difícil encontrar esperanza. Tal vez te sientas atascado y pienses que tu vida no va a cambiar, pero puedes elegir tener esperanza. Aún cuando las cosas parezcan malas, puedes mantener tu fe y recordar que es solo el camino, no el destino en el que permanecerás. Mantener la fe y la esperanza fue lo que hice; seguí esperando.

Soy Lola.
Tengo esperanza.

Segundo Capítulo

Soy **Fuerte**

Mi nuevo hogar es un lugar fantástico. Caminamos en el bosque cuando hace buen tiempo. Me encanta ver las flores en la primavera y me encanta oír las hojas debajo de mis patas en el otoño. ¡La naturaleza huele bien! Hago mucho ejercicio y cuando quiero estar adentro, me quedo seca en la **caballeriza abierta**.

¡ALTO!

¿Sabes qué es una **caballeriza abierta**? Es un recinto con una puerta abierta para que los caballos podamos entrar en cualquier momento. Las caballerizas abiertas nos ayudan a estar cómodos en el invierno, frescos en el verano y mantenernos secos cuando llueve.

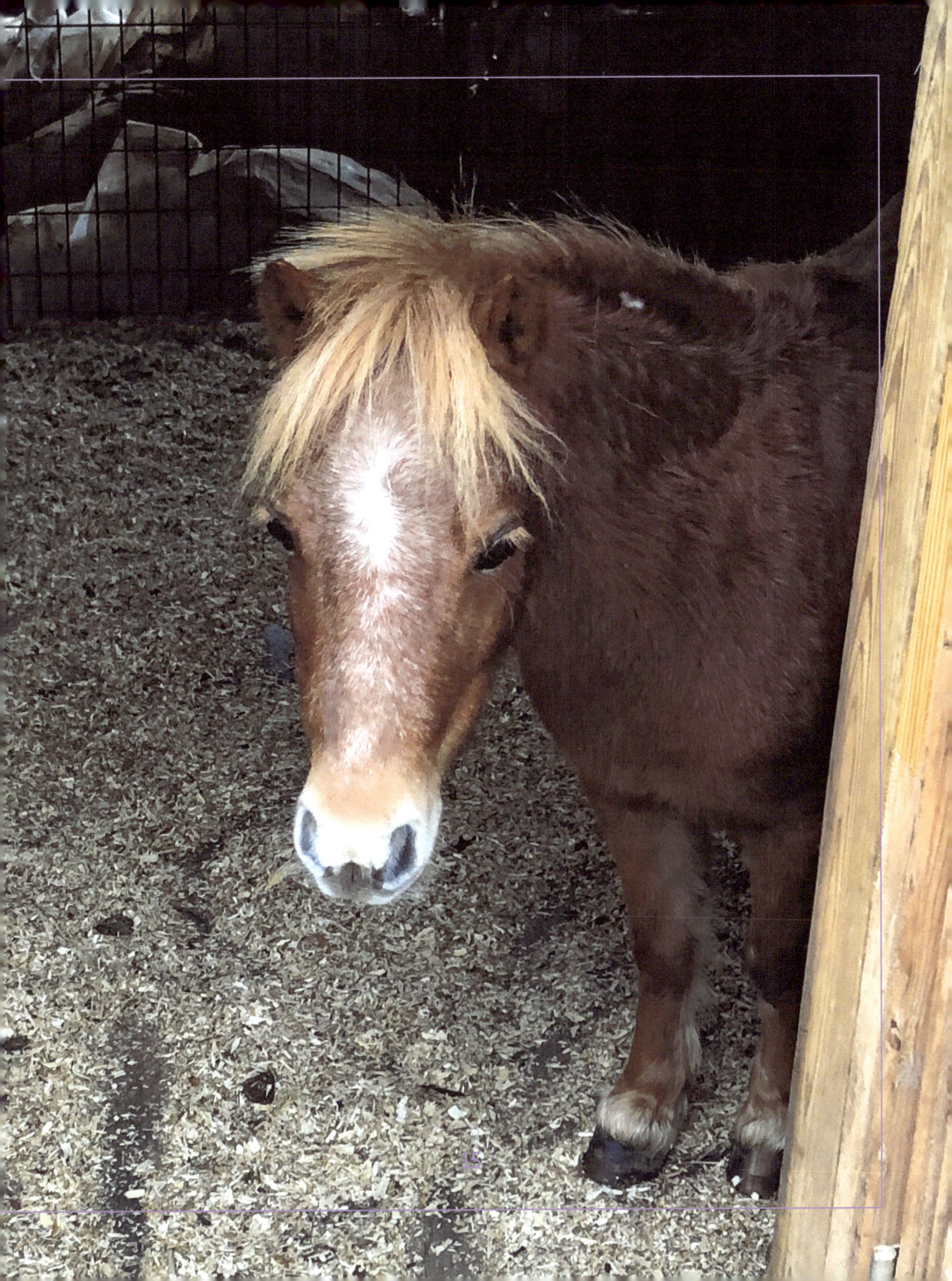

"Possum," mi nuevo amigo, era una de las mejores razones por las cuales me mudé aquí. Me enseñó a correr, juguetear y gozar como todo un mini. Possum era divertido, pero también muy calmo y prudente. Me sentía bien y segura con él, así como te sientes con un mejor amigo.

Possum era sabio. Había
vivido un largo tiempo y
sabía muchas cosas. Un día,
Possum enfermó. Creí que se
recuperaría y que podríamos
correr en el **paddock** otra
vez, pero no pasó. Mi amigo
Possum era muy viejo y su
tiempo aquí en la tierra
había concluido.

¡ALTO!

¿Sabes qué es
un **paddock**? Un
paddock es un
campo pequeño
cercado en el
que los caballos
permanecen.
¡Algunos caballos
aún viven en
paddocks!

Despedirme de un amigo que quería era difícil. Me sentía muy triste y el paddock parecía vacío. La persona humana de Possum, Grace, también estaba muy triste. Yo entendía sus emociones y ella entendía las mías. Compartimos nuestro sentir y eso nos ayudó a las dos.

Un día, un caballo nuevo llegó a la granja, "Apple". El nuevo caballo me parecía simpático y quería conocerlo. En principio, no podíamos vivir juntos, pero compartíamos una lamida de **golosinas**. Con el tiempo me iba acostumbrando a su olor y a su personalidad, y él se iba acostumbrando a los míos también. Cuando por fin nos adaptamos y logramos ser amigos, vivimos juntos. La felicidad me llenó otra vez.

¡ALTO!

¿Sabes qué es una golosina? Para los caballos, las golosinas son pedazos o bloques grandes de sal, divertidos de lamer, que les proveen los minerales que su cuerpo necesita para estar bien.

Echo de menos a Possum. Todavía lo extraño y, a veces, la nostalgia me invade por haberlo perdido. Está bien sentirse triste cuando algo así pasa. Comparte tus emociones si puedes, tal y como yo lo hice, y confía en que el vacío de tu vida, en algún momento, estará lleno de nuevo. Ser fuerte no significa que no te sentirás triste o temeroso. Ser fuerte significa que deberás tener la certeza de que volverás a sentirte feliz y contento, una vez más. ¡Créelo!

Soy Lola.
Soy fuerte.

Capítulo 3

Soy Resuelta

Vivo en la Caballeriza Sligo y eso me permite experimentar cosas nuevas. ¡Eso me hace muy feliz! Cuando Possum vivía, me gustaba observarlo saltar y, ¡qué bien lo hacía! Possum y Grace pensaban participar en una competencia en la que los minis saltan **vallas**. En esta competencia, cada mini corre con una persona a su lado. La persona le ayuda con gestos, palabras o señales para saber qué hacer. La parte complicada de esta clase de competencias consiste en que las vallas cada vez se ponen más y más altas.

¡ALTO!

¿Sabes qué es una **valla**? Para los caballos en una competencia, es un obstáculo que debemos saltar. Saltamos las vallas. Un juez nos observa y evalúa nuestra capacidad. Para no hacernos daño, las vallas se elaboran de ligeros palos que se caen si los chocamos.

Possum era fantástico en el salto con obstáculos. Podía saltar y elevarse al aire como un canguro. Después de su muerte, Grace participaría en la competencia junto a Apple. Sin embargo, él aún no la conocía lo suficiente y no estaba seguro de qué hacer. Acostumbrarse a la voz y a las señales de un nuevo compañero lleva su tiempo. Debido a eso, mi humana decidió que yo podía participar en lugar de Apple. Nunca había estado en una competencia, pero conocía la voz de Grace y me sentía segura con ella. Sólo necesitaba aprender a saltar. Es difícil aprender algo nuevo. Debes trabajar fuertemente y no darte por vencido. Estaba emocionada y también nerviosa. ¡Las experiencias nuevas pueden hacerte sentir de esa manera!

Grace y yo practicamos mucho. Mis saltos no eran perfectos mientras aprendía. Muchas veces me sentí frustrada, pero no me rendí y seguí intentándolo hasta demostrarle a Grace que estaba lista para competir. Cuando llegamos a la competencia, habían otros caballos minis, seis para ser exactos. Habían competido antes y eran muy buenos saltando obstáculos. Era mi primera competencia. ¿Cómo podría competir contra ellos? Lo único que podía hacer era dar mi mejor esfuerzo. Me gustaba saltar y sabía que debía creer con la mente y el corazón que era capaz de hacerlo.

La primera valla parecía muy alta. Observaba que los otros minis la saltaban con facilidad. Cuando llegó mi turno, Grace me animó. Me dijo que era capaz y que podía saltar muy alto. ¡Tenía razón!

Después de que todos saltaron, elevaron la valla. Algunos minis no pudieron saltarla sin tocarla. Yo era la más pequeña y la menos experimentada en este tipo de competencia, pero seguía intentándolo. Grace mantenía su fe en mí, y ahora, yo también creía firmemente en mí.

¡ALTO!

En las competencias, los caballos tienen que saltar las vallas sin tocarlas.

¿Sabes qué? Quedé en el segundo puesto de esa competencia, y ¡en mi próxima competencia gané el primer lugar! Grace y yo estábamos muy contentas. No sabía que podía hacerlo hasta que lo intenté. Cuando decidas hacer algo nuevo, hazlo con convicción, y fija tu mente y tu corazón hacia el objetivo. Tu mente tiene la capacidad de aprender y retener todo lo que necesitas saber, y mientras más le enseñes y practiques, mejores serán tus resultados. Tu corazón siempre debe sentir que eres extraordinario y capaz de lograr todo lo que te propongas. ¡Puedes hacer cualquier cosa! Ser resuelto significa que debes tratar e intentarlo una y otra vez, mientras tu mente, tu corazón y tus amigos te animan.

Soy Lola.
Soy resuelta.

Capítulo 4

Soy
Cariñosa

Llegar a ser un caballo de terapia requiere el aseo personal. Necesitaba sentirme cómoda con los **cepillos** y estar limpia. Mi humana me cepilla, me limpia y me arregla porque visitamos muchos lugares, incluso asilos para ancianos. ¡No quiero provocar una nube de polvo al salir! Al principio, mi humana tuvo que ser paciente y comprender que no me gustaba cuando me tocaban las orejas. Trabajamos mucho en eso y poco a poco fui acostumbrándome a esa sensación. Fue bueno, porque a las personas que visitamos les gusta tocarme y acariciarme.

¡ALTO!

Cepillar el pelaje de un caballo contribuye con su buena salud y con su aspecto con las demás personas. Deben limpiarse sus patas, peinar y cepillar su pelaje, su cola y la crin.

Esto es importante, pero un caballo de terapia necesita más. A un caballo de terapia le deben agradar las personas y debe compartir con ellas. Cuando por fin logré recostar mi cabeza en el hombro de otra persona que no fuera mi humana, y sin que ella me lo pidiera, terminó de confirmarle que yo estaba lista para ser un caballo de terapia. Estaba aprendiendo mucho de mi humana, pero en esta ocasión, no había sido ella quien me enseñara. Ahora, yo estaba actuando con el corazón.

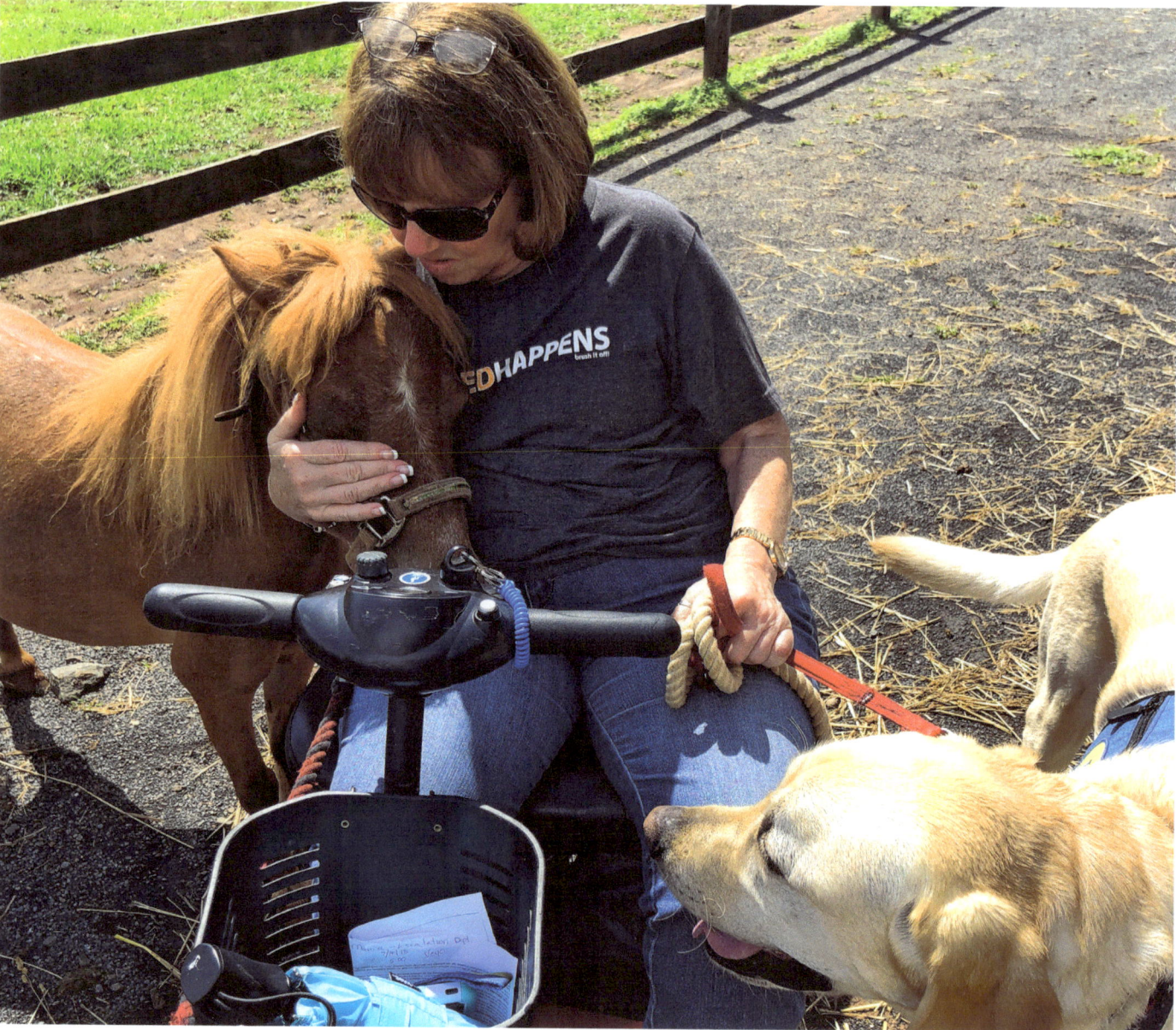

Existe un examen que debe aprobarse para lograr ser un caballo de terapia, así que tenía que aprender algunas habilidades específicas. Tuve que aprender a caminar hacia atrás, en línea recta para salir, y aprender a salir de un espacio reducido, sin tener que doblarme. Eso era fácil. Lo complicado era mantenerme al final de mi **cuerda** por 30 segundos, eso sí que era difícil. ¡Prefiero estar al lado de mi humana! Inicialmente, aguantaba quedarme allí por poco tiempo, y progresivamente, logré quedarme allí por mucho más tiempo. Es bueno aprender poco a poco y usarlo para aprender cada vez más. ¡Logré hacerlo bien!

U

¡ALTO!

A veces, los caballos usan cuerdas. Las cuerdas se atan al cabestro del caballo. ¡Es como una correa para perro!

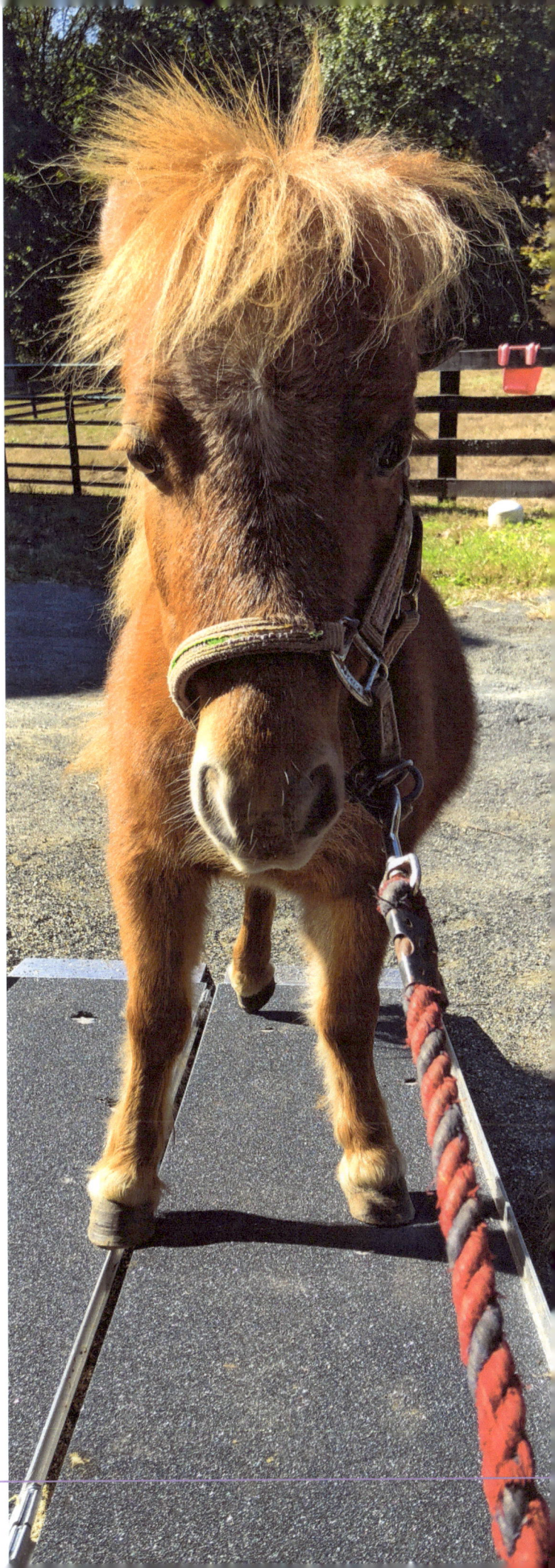

¡Llegó el día del examen! Durante todo este tiempo aprendí mucho. Aprendí a entrar y a salir de mi minivan. Mi humana encontró unos zapatos perfectos para que yo pudiera caminar en el suelo, sin tropezar. Aprendí ir al baño. ¡No puedo hacer eso en los edificios! Hice mi mejor esfuerzo, pero no aprobé el examen. Es difícil fracasar. Mi humana y yo estábamos tristes, pero eso no nos detendría. Sabíamos lo que debíamos corregir y practicaríamos juntas. El fracaso nos dio la oportunidad de mejorar y ser más fuertes. ¡Aprobamos el próximo examen!

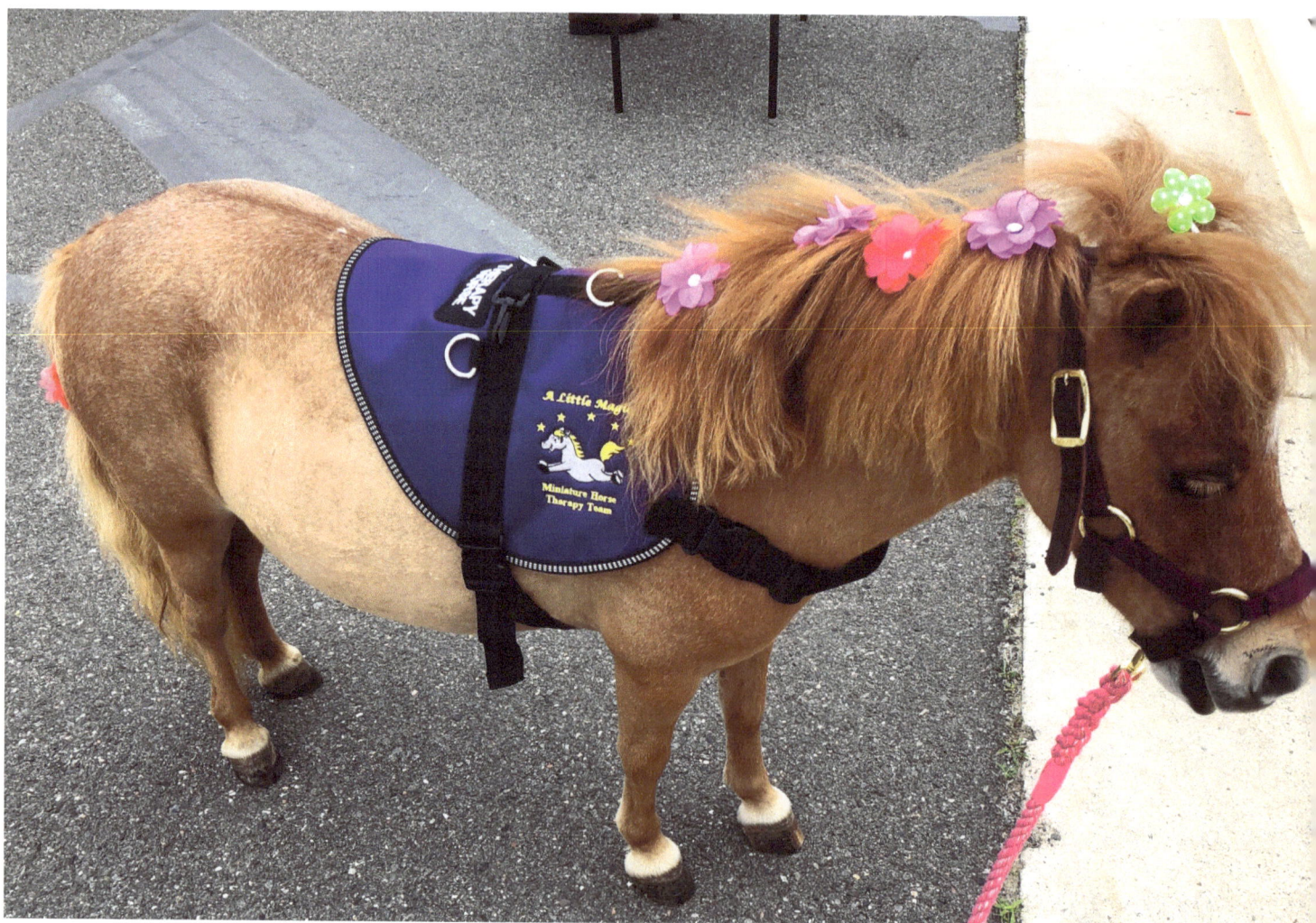

¿Te acuerdas de cuándo no sabía cuál era mi propósito? ¡Lo encontré! Tuve que trabajar mucho para llegar a ser un caballo de terapia. No siempre fue fácil, pero aprendí algo importante: cuando amas lo que haces, trabajar en ello es un placer. Montar en el minivan y conocer a nuevas personas es divertido. Me alegra escuchar sus voces alegres y sus risas. Cuando sus manos simpáticas me acarician, me gusta mostrarles mis **trucos** y habilidades. Me encanta estar con personas así.

¡ALTO!

Muchos caballos de terapia pueden hacer **trucos**. Algunos de mis favoritos son saludar con la pata y cruzar las rodillas. También puedo patear el balón, pero ¡eso no me gusta tanto!

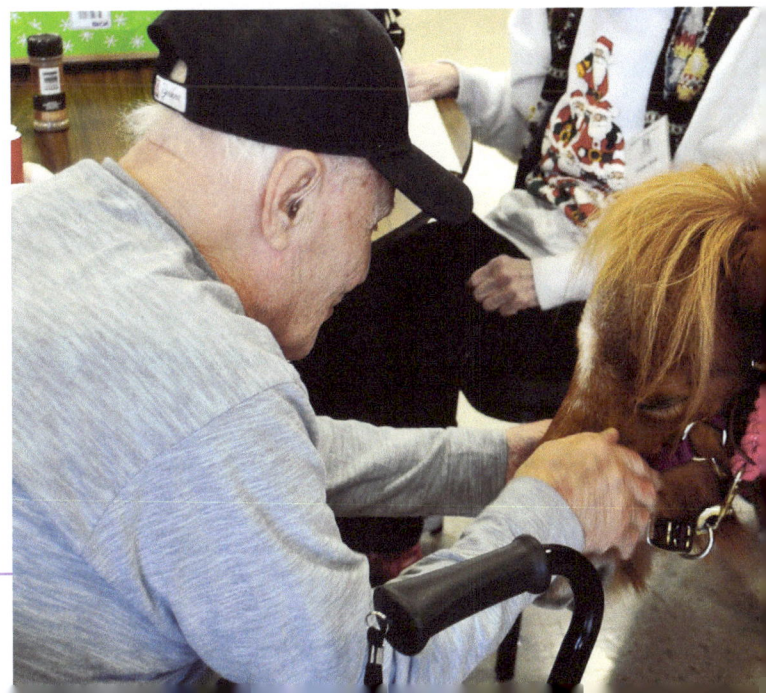

Puedo hacer algo más increíble. Cuando una persona se siente triste o sin ánimos de hablar, o de decir, si quiera alguna palabra, me quedo a su lado, dulcemente y en silencio. En ese momento, surge una conexión especial. La persona sabe que cuenta conmigo, y yo soy feliz pensando en que puedo ayudarla y hacerla sentir mejor. En ese momento, ambos sabemos que nos tenemos el uno para el otro. Tenemos amor. Me gusta ser un caballo de terapia y trabajar en ello, pero lo que más adoro es el amor que comparto. Ésa es mi parte favorita. Cuando tenemos amor, todo es posible.

Soy Lola.
Soy cariñosa.

¡Canten Conmigo!

Doblen la página, y se ven las letras de todas las canciones que cuentan mi historia. Pueden escuchar las canciones en mi sitio de la red, **www.horsetales.org,** o en cualquiera servicio de transmisión. Busquen **Horse Tales** o **Soy Lola,** y ¡canten conmigo!

Soy Lola.
¡Canten Conmigo!

Tengo Esperanza

Letras de las Canciones

Soy una yegua en miniatura con mucho que contar
Algunas cosas no me salieron bien
Voy a contarte lo que me pasó
Tal vez tales cosas te pasaron también

Viví en una granja sin mucho de hacer
Me faltó un propósito, que prefiero tener
Un día mi potra Mimi y yo
Conocimos a Johnnie, un nuevo amigo

Mi energía es pura y mi corazón también
Los sentirás cuando me toques o me mires
Escúchenme bien y van a entender
No hay que quedarse en los lugares incómodos

Unos meses después, nos tuvieron que separar
Mimi aprendería a pastar
Conocí a una humana simpática
Ella me entrenería a trabajar en terapia

Me mudé otra vez a una granja nueva
En un paraíso para los miniaturas
Mimi y yo vivimos con compadres
Buenas personas nos cuidan, y todo está bien

Si se encuentran en un lugar que no les queda bien
No se desesperen ni pierdan la esperanza
Su vida puede cambiar de repente
Conocerán a una persona que les ayude

Mi energía es pura y mi corazón también
Los sentirás cuando me tocas o miras
Escúchenme bien y van a entender
No hay que quedarse en los lugares incómodos

Soy Fuerte

Déjenme contarles de mi granja nueva
Cuando tienes una vida buena, tienes mucho para dar
Hay troncos para saltar y un establo para trotar
Y un bosque para andar paso a paso

Allí conocí a un amigo que se llamaba Possum
Les cuento que él era muy fantástico
Viajó muchísimo; nada le asustaba
A veces Grace su humana lo montaba para pasear

Pero Possum tenía casi veinte años
Y ese caballo viejo se enfermó y se murió
Grace nos cuidó hasta su fin
Yo estuve triste pero me prometió un nuevo amigue

Apple llegó a los pocos días
Es más grande que yo y muy simpático
Al principio estábamos separados pero compartíamos
Una golosina y aprendimos a vivir juntos

Si pierdes a un amigo y no sabes qué hacer

Busca a alguien de confianza con que hablar

Es común estar triste, a la vez de mantenerse fuerte

Y un nuevo amigue pronto llegará

Sí, un nuevo amigue pronto llegará

Soy Resuelta

Letras de las Canciones

Grace y Possum pensaban ir
A una competencia de saltar
Possum saltaba como un canguro
Y Grace le decía adónde ir

Grace llegaría a competir con Apple
Pero acaban de conocerse
A veces Apple se tendía en la valla
¡No estaba listo para saltar!

Mi humana me dio permiso para ir
Grace y yo practicamos saltar
Ella decidió que iríamos juntas
Monté en el remolque con mi pasto

No escuchen a nadie que les dice que no son suficientes
Las pruebas son temerosas y difíciles
Pero reagrúpense, persistan, y pronto verán
Pueden hacer todo si creen y trabajan

Éramos siete caballos miniaturas
Los otros eran grandes campeones
Ganaron muchas competencias
¡Al lado de ellos, empecé a dudar!

No había visto una valla tan alta
Los otros caballos la saltaron fácilmente
Me tocó a mí y yo vacilé
Grace me dio seguridad y yo la salté

Alzaron la valla, otros fracasaron
Se tuvo que hacer un esfuerzo grande
Yo era la más pequeña, hice lo mejor que podía
Y terminé en segundo. ¡Pasé la prueba!

No escuchen a nadie que les dice que no son suficientes
Las pruebas son temerosas y difíciles
Pero reagrúpense, persistan, y pronto verán
Pueden hacer todo si creen y trabajan

Grace tenía orgullo, llevaba una sonrisa
Ella se emocionó con el segundo premio
Nadie sabía qué alto podía volar
Hasta que salté la valla más alta que yo!

Reagrúpense, persistan, y pronto verán
Pueden hacer todo si creen y trabajan

Soy Cariñosa

Letras de las Canciones

En mi granja nueva, empecé a entrenar
A ir adelante y atrás a rienda suelta
A levantar las patas para limpiar
A ser cariñosa y estar fresca

Para ser yegua de terapia aún me quedó más
Monto en una minivan y llevo zapatos de osito
Acaricio con el hocico y muestro mis trucos
Aprendí dónde podía ir al baño

Conseguir lo que quieren puede ser difícil
Pero tienen que hacer lo mejor que puedan
Nunca diré que no puedo hacer nada
Seguiré tratando con todo el corazón

Hay una prueba para trabajar en terapia
Había mucha gente e hice lo mejor
Mi persona estaba triste al fracasar la primera vez
Pero estudiamos más y aprendimos qué hacer

Unos meses después aprobamos fácilmente
Ahora soy yegua que trabaja en terapia
Cada semana subo a mi minivan
Creamos sonrisas por todas partes

Conseguir lo que quieren puede ser difícil
Pero tienen que hacer lo mejor que puedan
Nunca diré que no puedo hacer nada
Seguiré tratando con todo el corazón

Me llamo Lola y quería contar mi historia
Para mostrarles que pueden prevalecer
No importa lo que pase, sigan tratando
Mírenme: ¡ahora soy yegua de terapia!

Conseguir lo que quieren puede ser difícil
Pero tienen que hacer lo mejor que puedan
Nunca diré que no puedo hacer nada
Seguiré tratando con todo el corazón

Nunca diré que no puedo hacer nada
Seguiré tratando con todo el corazón

Los Agradacimientos

El equipo de Horse Tales les agradece a las personas que nos han ayudado:

Dede Shumate, por cuidarles a Lola y a Mimi, por reconocer el propósito de Lola como caballo de terapia, y por presentarle a su persona.

Kristy Willwerth por dejarle a Lola a vivir en Picturesque Farm por un rato.

Jordan y Grace por dejarle a Lola a vivir con sus caballos miniaturas, por quererle y cuidarle todos los días, y por apoyar su trabajo como caballo de terapia de todos modos. Su manejo de los caballos, su generosidad, y su benevolencia han hecho posible todo lo que ha cumplido.

Las mujeres y los caballos miniaturas de A Little Magic, especialmente Judy Rennyson y Bettyann Senf, por proveerle a Lola con las oportunidades por entrener en las visitas, por compartir su pericia y su experiencia, y por apoyarles a la yegua y a la persona en su camino de llegar a ser equipo de terapia.

Piedmont Equine Practice por cuidarle a Lola por la medicina y cuidarle a los dientes.

Los asistentes de Lola, sin que no pudiéramos hacer visitas seguras y cómodas: Alyssa Amster, Aspen Amster, Mike Amster, Lori Bakewell, Pam Brunger, y todos los del futuro.

Todas las personas y todas las organizaciones que le recibieron a Lola, tuvieron paciencia con sus errores tempranos, y le empoderaron a llegar a ser la yegua de terapia que es ahora. Hay demasiados para hacer una lista, pero le agradacemos a cada.

Maddi Mae por inspirarle a la persona de Lola a volver a tocar la guitarra después de 35 años, por enseñarle a escribir canciones, por mejorarlas con ella, y por avisarle en la grabación de las demostraciones.

Alex Purdy por ser la voz de Lola en inglés y una productora excelente y paciente; y Laura Pérez (Laura Luv) e Iara Raquel por grabar las letras de las canciones en español.

Todos los músicos, todas las madres, todos los maestros, y todos los amigos que escucharon las grabaciones tempranas de las canciones y nos dieron sus reacciones y sugerencias.

Mo Safren y Laura Luv por tocar la fiesta de lanzar el álbum, y los negocios locales que son huéspedes para nuestros eventos.

Lori Bakewell por escribir la historia de Lola en un modo tierno, cariñoso, gracioso, y pensativo.

Jennifer Anderson por diseñar el libro de Lola en su modo único.

Sheila Glazov y Cammie Fuller por compartir sus experiencias en ambos lados de la industria de publicarse por ayudarnos a hacer las mejores decisiones.

Todos los periódicos y todas las revistas locales y nacionales que compartieron la historia de Lola.

Por fin, les debemos mucho agradacimiento a todos que escucharon nuestras canciones, las añadieron a una lista de reproducción, las compartieron con sus hijos, creyeron en los mensajes que queríamos compartir, nos siguieron en los medios sociales, y apoyaron nuestra idea simpática. Soy Lola, y Horse Tales, son lo que son a causa de su apoyo y ánimo. Gracias.

Los créditos fotográficos

Jordan Koepke Photography:
La cubierta, página 3, página 5, página 15,
página 16, las dos fotos de abajo en la
página 19, página 21, página 23, página 24,
página 25, página 26, página 29, página 44

Valerie Banks Amster: Página 7, página 8,
página 9, página 11, página 25, página 17,
página 18, la foto de encima página 19,
página 27, página 32, página 33,
página 34, página 39, página 40

Bettyann Senf: Página 10

Josephine Jefferson: La foto encima
página 35, página 37

Aspen Amster: La foto media página 35

Rachel Pierce: La foto abajo página 35

Michael Amster: Página 13

Carl Zitzmann: Página 31, Página 46

Grace Koepke: Página 42